BEI GRIN MACHT SICH IHR WISSEN BEZAHLT

AF148279

- Wir veröffentlichen Ihre Hausarbeit, Bachelor- und Masterarbeit

- Ihr eigenes eBook und Buch - weltweit in allen wichtigen Shops

- Verdienen Sie an jedem Verkauf

Jetzt bei www.GRIN.com hochladen und kostenlos publizieren

Roman Behrens

Niklas Luhmann und die Systemtheorie

Kommunikation als Operation sozialer Systeme

GRIN Verlag

Bibliografische Information der Deutschen Nationalbibliothek:

Die Deutsche Bibliothek verzeichnet diese Publikation in der Deutschen National-
bibliografie; detaillierte bibliografische Daten sind im Internet über http://dnb.d-
nb.de/ abrufbar.

Dieses Werk sowie alle darin enthaltenen einzelnen Beiträge und Abbildungen
sind urheberrechtlich geschützt. Jede Verwertung, die nicht ausdrücklich vom
Urheberrechtsschutz zugelassen ist, bedarf der vorherigen Zustimmung des Verla-
ges. Das gilt insbesondere für Vervielfältigungen, Bearbeitungen, Übersetzungen,
Mikroverfilmungen, Auswertungen durch Datenbanken und für die Einspeicherung
und Verarbeitung in elektronische Systeme. Alle Rechte, auch die des auszugsweisen
Nachdrucks, der fotomechanischen Wiedergabe (einschließlich Mikrokopie) sowie
der Auswertung durch Datenbanken oder ähnliche Einrichtungen, vorbehalten.

Impressum:

Copyright © 2009 GRIN Verlag GmbH
Druck und Bindung: Books on Demand GmbH, Norderstedt Germany
ISBN: 978-3-640-76272-9

GRIN - Your knowledge has value

Der GRIN Verlag publiziert seit 1998 wissenschaftliche Arbeiten von Studenten, Hochschullehrern und anderen Akademikern als eBook und gedrucktes Buch. Die Verlagswebsite www.grin.com ist die ideale Plattform zur Veröffentlichung von Hausarbeiten, Abschlussarbeiten, wissenschaftlichen Aufsätzen, Dissertationen und Fachbüchern.

Besuchen Sie uns im Internet:

http://www.grin.com/

http://www.facebook.com/grincom

http://www.twitter.com/grin_com

CARL
VON
OSSIETZKY
universität
OLDENBURG

Fakultät I – Institut für Sozialwissenschaften
WiSe 2009/10
Seminar: Soziologische Theorie

Protokoll

„Kommunikation als Operation sozialer Systeme: Die Systemtheorie Luhmanns"

(in: Schneider, Wolfgang: Grundlagen der soziologischen Theorie, Bd.2, Wiesbaden ²2005, S.250 - 273)

Vorgelegt von:

Roman Behrens

2-Fach-Bachelor
Geschichte/ Sozialwissenschaften
Datum: 19.01.2010

Inhaltsverzeichnis

1. Einleitung

Niklas Luhmann (1927 – 1998) galt schon zu seinen Lebzeiten als einer der größten Soziologen des 20.Jahrhunderts, da seine Erkenntnisse im Bereich der Untersuchung der Gesellschaft als ein vielschichtiges System von Kommunikation viele Generationen von Wissenschaftlern geprägt haben und er sich damit als einer der bedeutendsten Sozialtheorethiker der jüngeren Geschichte etablieren konnte.

Im Rahmen dieses Protokolls wird daher versucht, anhand des Einführungstextes von Wolfgang Schneider[1] eine Einführung in die Systemtheorie Luhmanns zu geben und zugleich den inhaltlichen Diskussionsverlauf der Sitzung vom 14.01.2010 in seinen Grundzügen und thematischen Schwerpunkten zu skizzieren.

Um mit einem kurzen Blick auf den Text des Autors Wolfgang Schneider, einem Schüler Luhmanns, zu beginnen, lässt sich zunächst festhalten, dass sich die Darstellungen der "Luhmannschen" Sachverhalte teilweise als sehr unverständlich und recht ausführlich geschildert präsentieren. Schneider setzt ein enormes Vorwissen voraus, was es dem geneigten Leser sehr schwierig macht, den Gedanken der „Luhmannschen" Systemtheorie zu folgen. Zudem bemerkt man den stetigen Anspruch des Autors, sich selbst als eigenständigen Systemtheoretiker, „Luhmannianer" bzw. Systemkritiker zu etablieren.

---

[1] Der hier zugrunde liegende Text findet sich in: Schneider, Wolfgang: Grundlagen der Soziologischen Theorie, Bd.2, Wiesbaden ²2005, S.250 – 273.

2

CARL
VON
OSSIETZKY
universität
OLDENBURG

Fakultät I – Institut für Sozialwissenschaften
WiSe 2009/10
Seminar: Soziologische Theorie

2. Reduktion von Komplexität

Einen zentralen Stellenwert in der Systemtheorie misst Wolfgang Schneider der Reduktion von Komplexität oder anders formuliert der Reduzierung oder Ausblendung des Überangebots komplexer Möglichkeiten bei. Diese „chaotische Situation" lässt sich am besten wie folgt beschreiben: der einzelne, subjektiv Denkende (Ego) sieht sich in seiner Umwelt, in seinem täglichen Dasein mit einer Unendlichkeit von „Möglichkeiten des Erlebens und Handelns" (vgl. Schneider 2005: 251) konfrontiert, die er auf ein handhabbares Format reduzieren muss. Es ist geradezu zwingend notwendig, dass er selektiert. Ein ängstlicher Autofahrer wird auf der Autobahn niemals eine zu hohe Geschwindigkeit aufnehmen, auch wenn ihm dafür unzählige PS zur Verfügung stehen. Er kann in einer für ihn akzeptablen Geschwindigkeit weiter fahren, die Fahrt auf einem Rastplatz kurz unterbrechen, usw.. Durch die Selektion von vorhandenen Möglichkeiten wird die Komplexität, also das Überangebot von Möglichkeiten, reduziert. Vollzogen wird dieser Prozess in zwei Stufen. Zum einen wird die Überfülle der vorhandenen Möglichkeiten wie geschildert auf ein handhabbares Format reduziert, indem sie ausgeblendet werden und damit nicht in Betracht kommen. In einem zweiten Schritt greifen eigene Erwartungen, welche die Möglichkeiten des Handelns erneut einschränken, da sie helfen, dass wir uns z.b. schnell orientieren und damit entscheiden können. Gleichzeitig stellt sich die Frage warum dieses besagte Überangebot reduziert werden muss. Die Antwort ist einleuchtend, denn ohne diesen Filter würden wir uns mit einer durch Stufe I erzeugten Überflutung von Möglichkeiten konfrontiert sehen, die uns nicht nur verwirren, sondern wahrscheinlich auch verrückt machen würde.

3. Gebrauch von Sinn als Medium zur Komplexitätsreduktion und zwei Systemarten

Damit dieser Prozess der Reduktion von Möglichkeiten gut funktionieren kann, gebraucht der einzelne, subjektiv Denkende seine Sinne, er ist also als sinnverarbeitendes System anzusehen. Bei der Luhmannschen Erklärung von Gesellschaften spielen zwei Arten von Systemen eine zentrale Rolle: soziale Systeme und psychische Systeme. Beide sind als sinnverarbeitende Systeme zu charakterisieren, die sich wiederum zu anderen Systemen abgrenzen, z.b. technische oder biologische Systeme. Der Sinn ist hierbei das entscheidende Medium, da es das Mittel der Wahl ist, um Komplexität zu reduzieren. Das psychische System wird von Niklas Luhmann als das menschliche Bewusstsein skizziert, da es sich stets zu seiner aktuellen Umwelt verhält, welche wiederum unendliche Möglichkeiten des Erlebens und Handelns ermöglicht. Ego mit seinem psychischen System stehen demnach in seiner Umwelt verschiedene, wenn nicht unzählige Mög-

lichkeiten offen, sein Handeln zu lenken oder zu steuern. Mittels aktiver Wahrnehmungen, Ego ist wie geschildert als sinnverarbeitendes System zu sehen, und begleitet von bestimmten Erwartungen, gelingt es ihm, die ihm offen stehenden Wege und Möglichkeiten derart einzuschränken, dass ein Handeln nebst Erleben ohne eine weitere Möglichkeitsreduktion realisierbar ist.

Elementar bleibt jedoch die Differenz bzw. die Unterscheidung zwischen eingeschlossenen, d.h. in Betrachtung gezogene, und ausgeblendeten, d.h. nicht in Betrachtung gezogene, Möglichkeiten. Dies bedeutet, dass Ego in jedem Verhaltensmoment eine bestimmte Anzahl von Möglichkeiten selegiert, doch bei Luhmann geht es nicht nur um diese explizit in die Betrachtung einbezogene Verhaltensmöglichkeit, sondern vielmehr um das Vorhandensein weiterer, jedoch ausgeblendeter Möglichkeiten. Als Beispiel kann man hier die Situation anführen, in der sich Ego aufgrund mehrerer Stufen zu einer expliziten Möglichkeit des Handelns entschlossen hat. Im nächsten Moment seines Verhaltens könnte auch eine vorher ausgeblendete Möglichkeit in die weitere Planung seines Folgeverhaltens oder zukünftigen Verhaltens miteinbezogen werden. Diese jeweils aktuell vollzogene Unterscheidung zwischen den für Ego relevanten Verhaltensmöglichkeiten und den im ersten Schritt ausgeblendeten Möglichkeiten können nur mit dem Bezug auf den Sinn realisiert werden. Ein potentielles Beispiel hierfür wäre die Wahl des Fortkommens in einem Hochhaus. Es besteht die Möglichkeit der Treppe oder des Fahrstuhls. Damit eng verbunden sind Überlegungen, wie ich es z.B. schneller in den vierten Stock schaffe oder ob ich lieber ausgeruht und ohne Hast den Fahrstuhl benutze, um nach oben zu kommen. Was ich aber nun anhand des Sinnes ausblenden könnte, wäre die Überlegung, dass beim Benutzen des Aufzugs die Seile reißen könnten und mir damit unweigerlich den Tag verderben. Diesen Angstzustand vermeide ich, indem ich vielleicht die Treppe nehme. Die Wiederbelebung der vorher ausgeblendeten Möglichkeit, nämlich das Benutzen des Aufzugs, ist ein Kennzeichen psychischer Systeme, das es von anderen Systemen abgrenzt. „Technische [...] Systeme lösen das Problem der Reduktion von Umweltkomplexität mit Hilfe von [...] Komplexitätsvernichtung" (Schneider 2005: 256).

Im Gegensatz dazu operieren psychische Systeme mit dem Sinn und sind daher in der Lage, auch Möglichkeiten wieder in Betracht zu ziehen, die durch die systemeigenen Strukturen aktuell ausgeblendet sind. Damit hebt sich das psychische (soziale) System eindeutig von anderen Systemen ab, da es sinnverarbeitend ist und dadurch eine Fülle von Möglichkeiten des Fortführens von Handeln und Erleben entsteht.

CARL
VON
OSSIETZKY
universität
OLDENBURG

Fakultät I – Institut für Sozialwissenschaften
WiSe 2009/10
Seminar: Soziologische Theorie

4. Die elementare Situation doppelter Kontingenz & Erwartungserwartungen

Ein sehr wichtiger Begriff, der in den Arbeiten von Niklas Luhmann oder auch seinem Lehrer und Mentor Talcott Parsons (1902 – 1979) auftaucht, ist der der doppelten Kontingenz. Dahinter verbirgt sich die Situation, „dass jedes psychisches System eine Auswahl aus unterschiedlichen Verhaltensmöglichkeiten trifft, die auch anders hätte ausfallen können und seine eigene kontingente (zufällige, auch anders mögliche) Auswahl von der kontingenten Auswahl des anderen abhängig macht" (vgl. Schneider 2005: 257). Das bedeutet anhand eines gewählten Beispiels im Grunde folgendes: Alter und Ego wissen beide nichts voneinander, wenn sich beide in der Situation zweier Fahrradfahrer wiedertreffen, deren Weg sich vielleicht in einem Sonnenblumenfeld kreuzt. Beide stehen vor einem Meer an Möglichkeiten und Alter muss eine Auswahl aus den zahlreichen verfügbaren Möglichkeiten treffen. Dabei ist ihm aber durchaus bewusst, dass Ego die gleiche Wahlchance besitzt. Das Problem was nun auftritt, ist die Frage, ob beide Wahlen, von Alter und Ego, aufeinander passen oder miteinander harmonieren. Jede Auswahl ist am Ende beliebig und damit kontingent, sie unterliegt keinem externen Einfluss. Da Alter und Ego letztendlich beliebig auswählen, spricht man in dieser Situation von *doppelter Kontingenz*.

Um aber auf das Beispiel von den Radfahrern zurückzukommen. Beide sitzen auf ihren Rädern und fahren aufeinander zu. Jeder muss davon ausgehen, dass sich der andere (Alter oder Ego) in jeder erdenklichen Art und Weise verhalten kann. Alter kann Ego in das Rad fahren und damit einen Unfall herbeiführen oder Ego zwingt Alter zum Anhalten und raubt ihn aus. Genauso können beide auch nur aneinander vorbeifahren und sich freundlich grüßen. Diese Unsicherheit in der Frage: „Was wird passieren bzw. was wird mein Gegenüber tun?" spiegelt sich in einer großen Spannung wieder, die sich nur dadurch auflöst, wenn Alter z.B. absteigt und aus seinem Rucksack ein belegtes Brot zum Verzehr nimmt. Alter hat dadurch eine Auswahl aus den unzähligen Möglichkeiten getroffen, die Ego in sein Verhalten integrieren kann und evtl. auch er absteigt und eine kurze Rast einlegt.

Um dem Problem der Unwissenheit bezüglich möglicher Situationen und der dadurch entstehenden Unsicherheit zu entkommen, gibt es verschiedene kommunikative Mechanismen, wie die der Erwartung. Bei unserem Beispiel wäre dies gegeben, wenn sich beide bei der Rast beobachten, grüßen, einander einen guten Appetit wünschen und sich evtl. dabei anlächeln. Somit ist beiden die Tatsache bewusst, dass es sich bei dem Gegenüber um einen friedlichen wie freundlichen Zeitgenossen handelt. Diese Empfindung prägt auch ein mögliches erneutes Zusammentreffen beider Personen.

5

Es wäre dann für beide deutlich entspannter, der Situation von zwei sich treffenden Fahrradfahrern zu begegnen, anstatt wie zu Beginn in Panik und Ungewissheit ob der sich potentiell ergebenden Situation zu verfallen. Beide haben die Erinnerung des grüßenden und freundlichen Gegenübers im Kopf und die Nervosität wird nun deutlich geringer sein. Wird der Gruß von Alter nun erwidert, entspricht er Egos Erwartung und das entsprechende Bild stabilisiert sich zunehmend. Von der anfänglichen Komplexitätsfülle an Möglichkeiten kann nun keine Rede mehr sein, denn alles wird als fast vorhersehbar erlebt.

Bei dieser zweiten geschilderten Situation von Alter und Ego auf Rädern in einem Sonnenblumenfeld passiert nun auch etwas anderes, nämlich dass nicht nur eine Stabilisierung der Erwartungen eintritt, sondern dass es auch eine gewisse Rückmeldung bezüglich der Erwartungen gegeben hat. Beide Radfahrer haben nun nicht nur das Bild und den Eindruck voneinander, dass das Gegenüber ein freundlicher Mensch ist, sondern auch die Gewissheit, dass der jeweils andere genauso über ihn selbst denken wird. Alter nimmt einfach an, dass Ego ihn als freundlichen Menschen sieht und im gleichen Atemzug erwartet er bei Ego, dass dieser Erwartungen aufbaut, die Alter schon im Vorfeld kennt. Da einfache Erwartungen zum Lösen des Problems doppelter Kontingenz, also ob die Wahl der beteiligten Akteure miteinander harmonieren und passen, nicht ausreichen, werden andere Mittel benötigt. „Als Strukturen, die zum Betrieb eines sozialen Systems erforderlich sind, werden deshalb sogenannte Erwartungserwartungen benötigt." (Schneider 2005: 259) Oder anders formuliert: Alter erwartet einfach, dass Ego etwas von ihm erwartet und gleichsam ist er dann bereit, diese Erwartung zu erfüllen, um keine Missverständnisse oder gar Irritationen aufkommen zu lassen. Alter versucht im weiteren Verlauf, sei es bei einem möglichen dritten Treffen auf dem Rad oder ein zufälliges Treffen beider im Supermarkt, dem Bild zu entsprechen, welches Ego von ihm gewonnen hat. Ego verhält sich, strukturell gesehen, dann genauso. Diese wechselseitigen Erwartungserwartungen stabilisieren das Verhalten und damit einhergehend das Bild beider Akteure. Diese Beziehung zwischen zwei psychischen Systemen und dem entstehenden Problem der doppelten Kontingenz kann gemäß der Ansicht von Niklas Luhmann nur mittels einer Möglichkeit gelöst werden: Kommunikation. Denn nur mittels Gesten, Mimik und Worten ist es möglich, auftretende Hindernisse wie z.B. Unsicherheit in Bezug auf das Verhalten des Anderen zu beseitigen bzw. die Situation für alle zu entspannen.

Doch bleibt festzuhalten, dass Luhmann Erwartungsstrukturen nicht als Stabilitätsgarantie konzipiert. Er hebt die drohende Gefahr der Erwartungsenttäuschung (mein Gegenüber verhält sich nicht meinen Erwartungen entsprechend) hervor und klassifiziert diese sogar dahingehend,

dass er „verschiedene Typen von Erwartungen danach unterscheidet, wie Enttäuschungen verarbeitet werden." (Schneider 2005: 263) Erwartungserwartungen definiert der Autor weiterführend als Mittel um Krisensituationen zu bewältigen. „Sie stellen sicher, daß auch im Falle von Missverständnissen und Konflikten, [...] Interaktionen fortgesetzt und möglicherweise veränderte Erwartungen entwickelt werden können, die besser auf die Bedingungen der jeweiligen Situation zugeschnitten sind. (Schneider 2005: 263)

5. Institutionalisierung von Erwartungen

Ein anderes Beispiel findet sich darin, wenn Dritte mit ihren Erwartungen mit in das Geschehen rücken, z.b. in der Konstellation einer Klasse und ihrem Lehrer. Ihre soziale Grundlage reicht über die Grenzen des Systems hinaus. Beide wissen, dass Dritte, z.b. besorgte Eltern, die Schulleitung, Lehrerkollegen oder auch das Kultusministerium erwarten, dass der Unterricht ganz bestimmten Anforderungen genügt. Das heißt, dass die Erwartungserwartungen, die im System vorhanden sind, nicht in den Erwartungen der beiden Hauptakteure, der Klasse und des Lehrers, verankert sind, sondern im Erwarten relevanter Dritter, hier der Schulleitung, usw. Niklas Luhmann bezeichnet diese Konstellation als die Institutionalisierung von Erwartungen. Dieses Beispiel kann beliebig erweitert werden, so z.b. auf den Bereich von Arbeitnehmer und Arbeitgeber, wo der Kunde bestimmte Erwartungen (an das Produkt) hat.

6. Schluss

Niklas Luhmann hat mit seinen Überlegungen in der von Parsons entwickelten und von ihm weitergeführten soziologischen Systemtheorie wichtige Grundlagen gelegt, die es ermöglichen, die Gesellschaft als komplexes System von Kommunikation besser zu verstehen bzw. zu begreifen. Mittels der Vergegenwärtigung von Problemen, wie das in diesem Protokoll behandelte Problem der doppelten Kontingenz, ist es möglich, den Prozess und die damit verbundenen Ängste von Akteuren besser nachzuzeichnen und erklärbar zu machen. All das ändert jedoch nichts daran, dass Niklas Luhmann mit seinen Gedanken zur Systemtheorie zwar recht häufig rezipiert wird, es doch aber sehr deutlich ist, dass Luhmanns' Werk über die Systemtheorie durchweg mit einem hohen begrifflichen Abstraktionsniveau glänzt, welches oftmals nur formal-strukturelle Beschreibungen liefert. Diese und auch andere Kritiken (erwähnenswert sei an dieser Stelle die Debatte mit Jürgen Habermas über die Systemtheorie Luhmanns aus den 1971/72er Jahren) zeichnen ein anderes Bild von Luhmann.

7. Literaturverzeichnis

BAHRDT, Hans Paul: Schlüsselbegriffe der Soziologie. Eine Einführung mit Lehrbeispielen, München ⁹2003.

BECKER, Frank/ Reinhardt-Becker, Elke: Systemtheorie. Eine Einführung für die Geschichts- und Kulturwissenschaften, Frankfurt am Main 2001.

HILLMANN, Karl-Heinz: Wörterbuch der Soziologie, Stuttgart 2007.

KAESLER, Dirk (Hg.): Klassiker der Soziologie, Band I und II, 5. völlig überarbeitete Auflage, München 2006.

SCHNEIDER, Wolfgang: Grundlagen der soziologischen Theorie, Bd. 1, Wiesbaden 2002.

SCHNEIDER, Wolfgang: Grundlagen der soziologischen Theorie, Bd.2, Wiesbaden ²2005, S.250 – 273

WEBER, Max: Soziologische Grundbegriffe (UTB 514), 6. erneut durchgesehene Auflage, Tübingen 1984.